LE TROU DANS LA COUCHE D'OZONE

L'édition originale de cet ouvrage
a paru sous le titre : *The Ozone Hole*

28 Percy Street, London W1P 9FF

Adaptation française de Denis-Paul Mawet

D/1995/0195/15
ISBN 2-7130-1734-3
(édition originale : 0-7496-1074-3)

Exclusivité au Canada :
Les éditions Héritage inc.
300, rue Arran
Saint-Lambert (Québec) J4R 1K5
Dépôts légaux : 2e trimestre 1995
Bibliothèque nationale du Québec
Bibliothèque nationale du Canada
ISBN 2-7625-7405-6

Loi n° 49-956 du 16 juillet 1949 sur les publications
destinées à la jeunesse

Imprimé en Belgique

Catastrophes naturelles

LE TROU DANS LA COUCHE D'OZONE

Jane Walker - Denis-Paul Mawet

Éditions Gamma - Éditions Héritage

SOMMAIRE

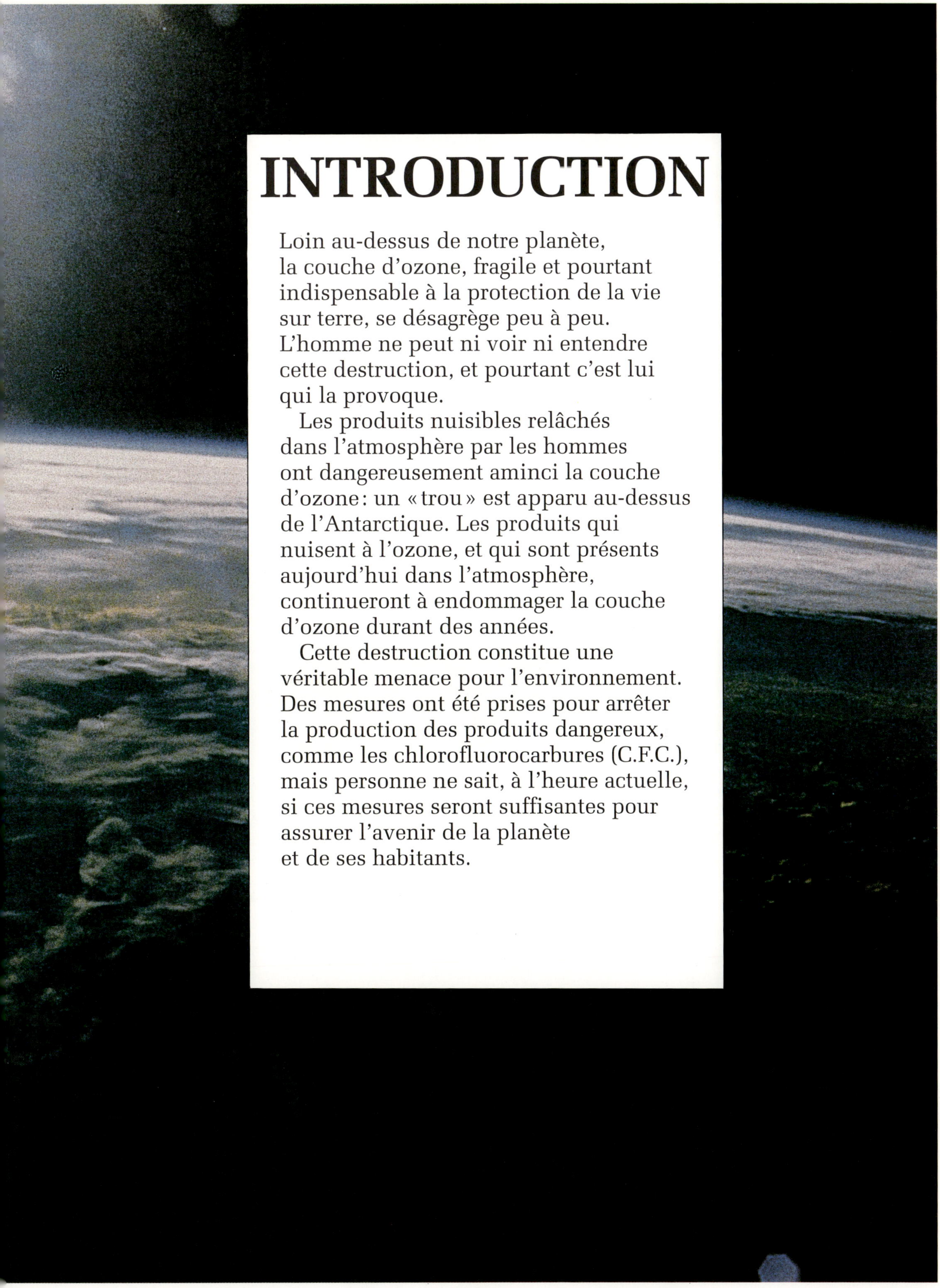

INTRODUCTION

Loin au-dessus de notre planète, la couche d'ozone, fragile et pourtant indispensable à la protection de la vie sur terre, se désagrège peu à peu. L'homme ne peut ni voir ni entendre cette destruction, et pourtant c'est lui qui la provoque.

Les produits nuisibles relâchés dans l'atmosphère par les hommes ont dangereusement aminci la couche d'ozone: un «trou» est apparu au-dessus de l'Antarctique. Les produits qui nuisent à l'ozone, et qui sont présents aujourd'hui dans l'atmosphère, continueront à endommager la couche d'ozone durant des années.

Cette destruction constitue une véritable menace pour l'environnement. Des mesures ont été prises pour arrêter la production des produits dangereux, comme les chlorofluorocarbures (C.F.C.), mais personne ne sait, à l'heure actuelle, si ces mesures seront suffisantes pour assurer l'avenir de la planète et de ses habitants.

LE TROU DANS LA COUCHE D'OZONE

La Terre est entourée de couches de gaz qui constituent son atmosphère. Parmi les couches supérieures de l'atmosphère, au-delà de 15 km d'altitude, se trouve une couche d'ozone, un gaz qui agit comme une espèce de bouclier en protégeant la Terre des rayons solaires nocifs.

En octobre 1987, les scientifiques de la *British Antarctic Survey (BAS)* observèrent une diminution de la couche d'ozone de 50% dans la stratosphère antarctique. Lorsque la destruction de l'ozone dans la haute atmosphère atteint 50% ou plus, les scientifiques parlent de « trou » dans la couche d'ozone.

Au printemps 1992, ce « trou » dans la couche d'ozone avait atteint une surface record, avec pas moins de 23 500 000 km^2, soit 43 fois la superficie de la France !

Le trou

C'est en 1985 que le magazine scientifique *Nature* a parlé pour la première fois du trou dans la couche d'ozone dans la stratosphère antarctique. Depuis, ce trou est réapparu chaque année au printemps (de septembre à fin décembre).

Pendant le long et sombre hiver antarctique, les vents forts et les températures extrêmement basses provoquent la formation de minces nuages à la surface desquels certaines réactions chimiques se produisent de manière naturelle. Lorsque le soleil réapparaît au printemps, ces réactions conduisent à la destruction de l'ozone.

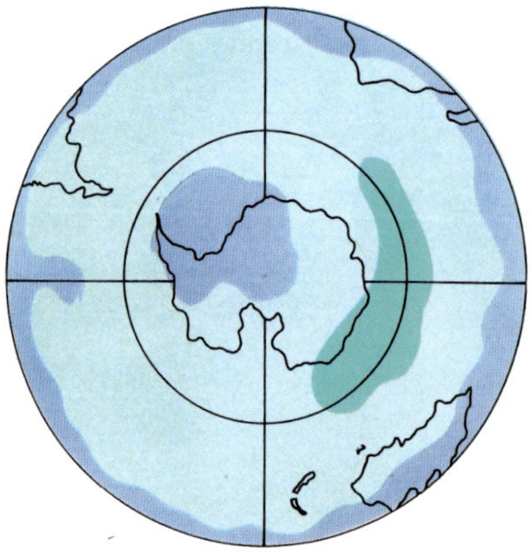

5 octobre 1986

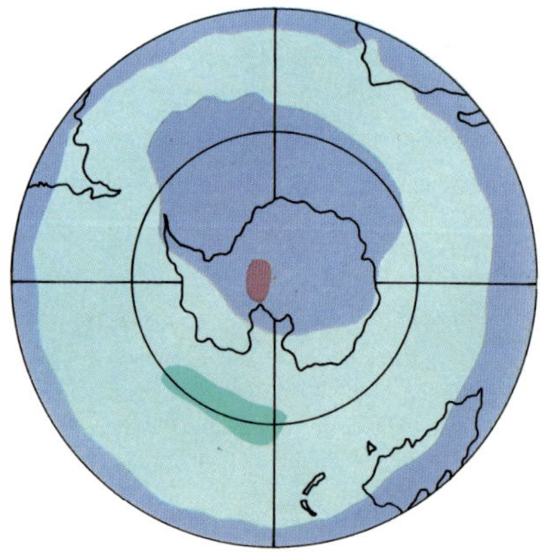

5 octobre 1987

▷ Réalisées grâce aux satellites, ces cartes permettent de comparer l'évolution du trou dans la couche d'ozone de 1986 à 1989. Le trou est représenté en bleu, en violet et en rose. Les contours de l'Antarctique sont dessinés en noir.

Page 7, la zone blanche sur la carte satellite représente le trou dans la couche d'ozone, au-dessus de l'Antarctique, tel qu'il apparaissait le 6 octobre 1991.

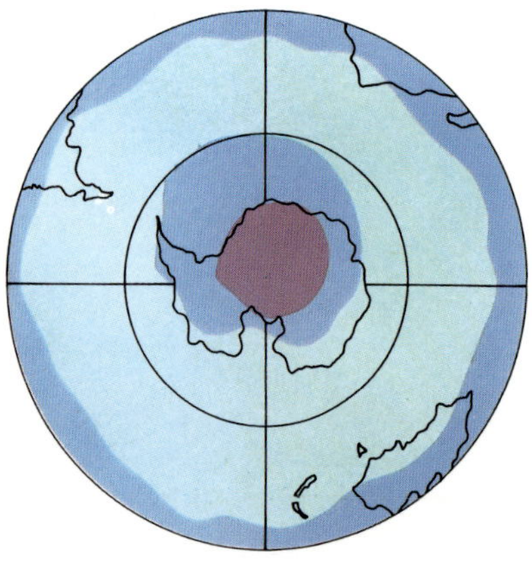

5 octobre 1988

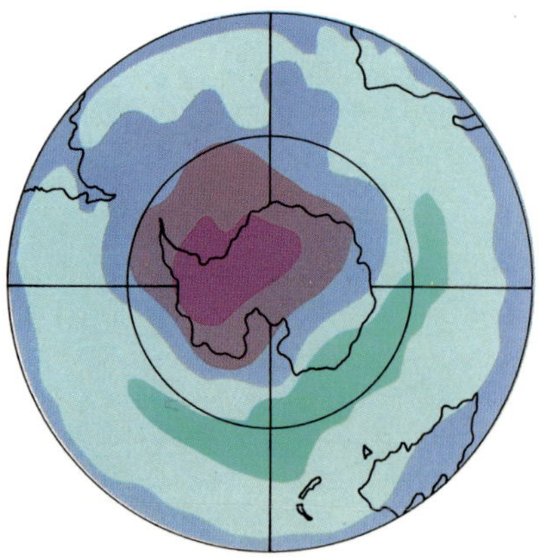

5 octobre 1989

Un trou au-dessus de l'Arctique?

Les scientifiques qui mesurent la couche d'ozone au-dessus de l'Arctique ont observé que, durant l'hiver 1988-1989, la concentration en ozone avait baissé de 17%.

Cependant, les températures sont plus élevées dans l'Arctique que dans l'Antarctique, et les conditions qui favorisent la destruction de la couche d'ozone ne s'y retrouvent pas. Il semble peu probable qu'un trou apparaisse dans la couche d'ozone au-dessus de l'Arctique.

▷ Depuis 1957, les scientifiques de la *BAS*, installés dans la baie de Halley, en Antarctique, mesurent les concentrations en ozone toute l'année.

En 1987, ils mesuraient la concentration en ozone de la haute atmosphère depuis le sol. Dans le même temps, des scientifiques américains étudiaient l'ozone à partir d'un laboratoire installé à bord d'un DC-8 spécialement aménagé.

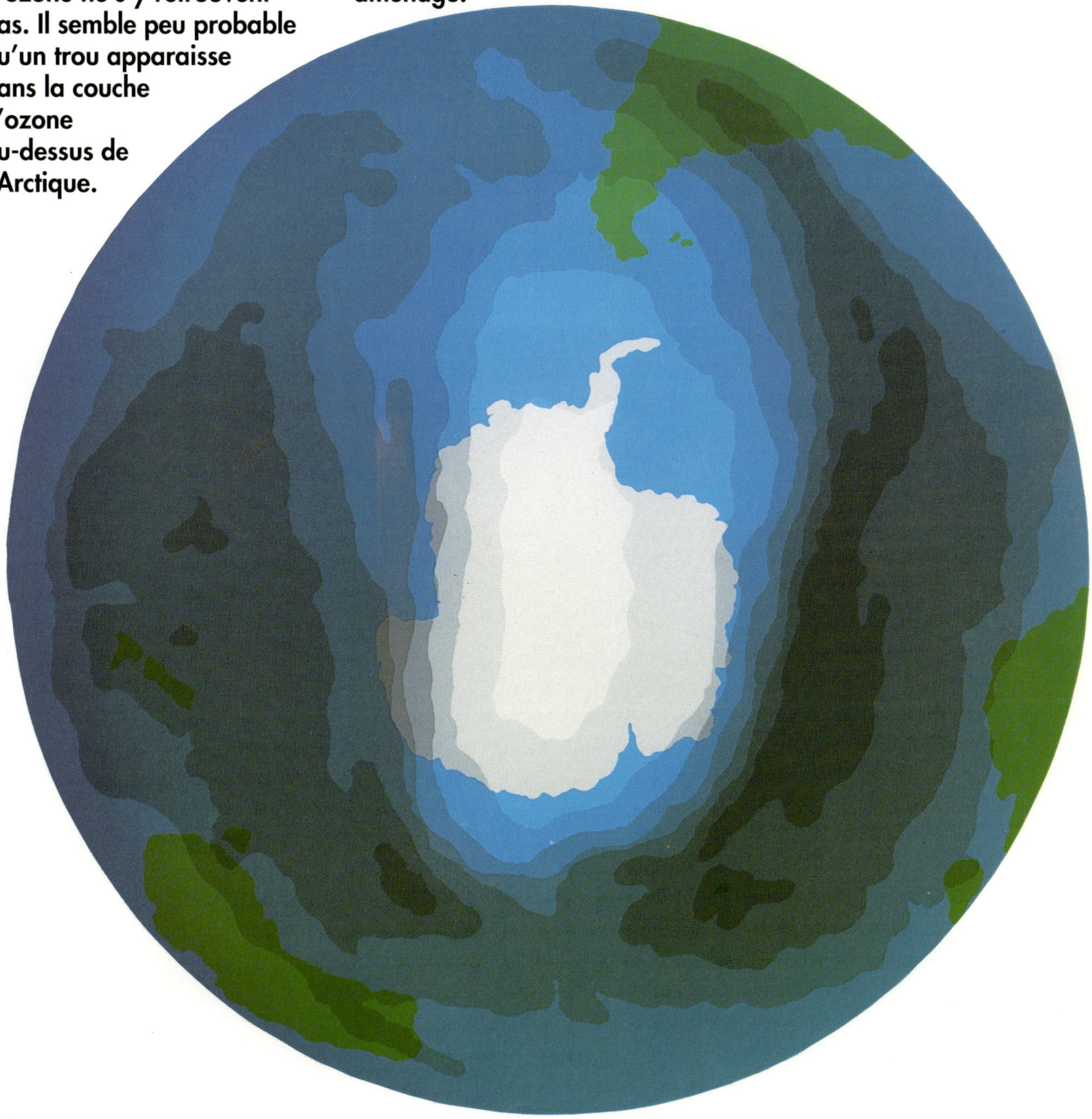

◁ **Notre Soleil, âgé de 5 milliards d'années, est une énorme boule de gaz brûlants. Il se trouve à près de 150 millions de kilomètres de la Terre. Bien que la température à la surface du Soleil soit de 6 000 °C environ, seule une petite quantité de cette chaleur parvient à la Terre.**

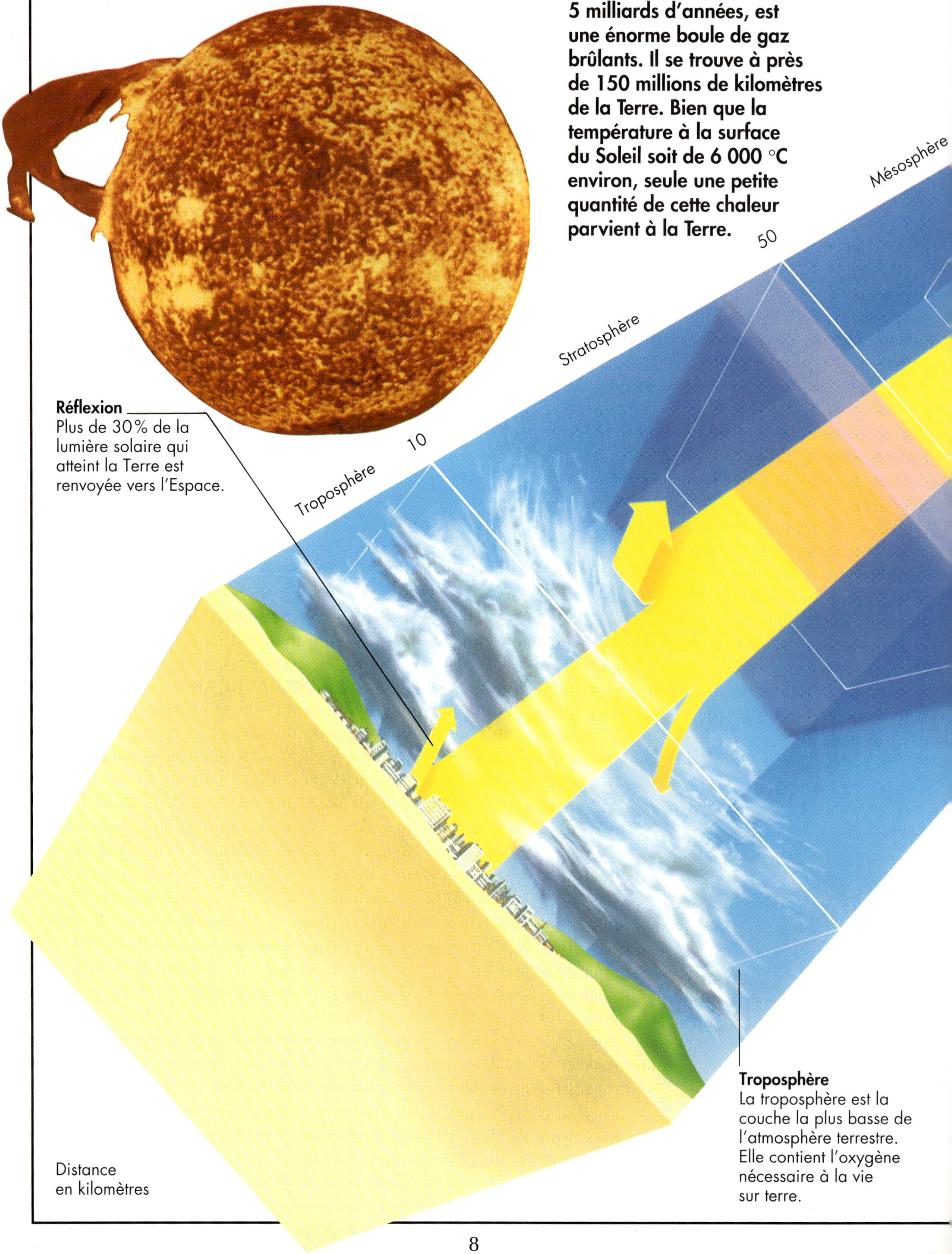

Réflexion
Plus de 30% de la lumière solaire qui atteint la Terre est renvoyée vers l'Espace.

Troposphère
La troposphère est la couche la plus basse de l'atmosphère terrestre. Elle contient l'oxygène nécessaire à la vie sur terre.

Distance en kilomètres

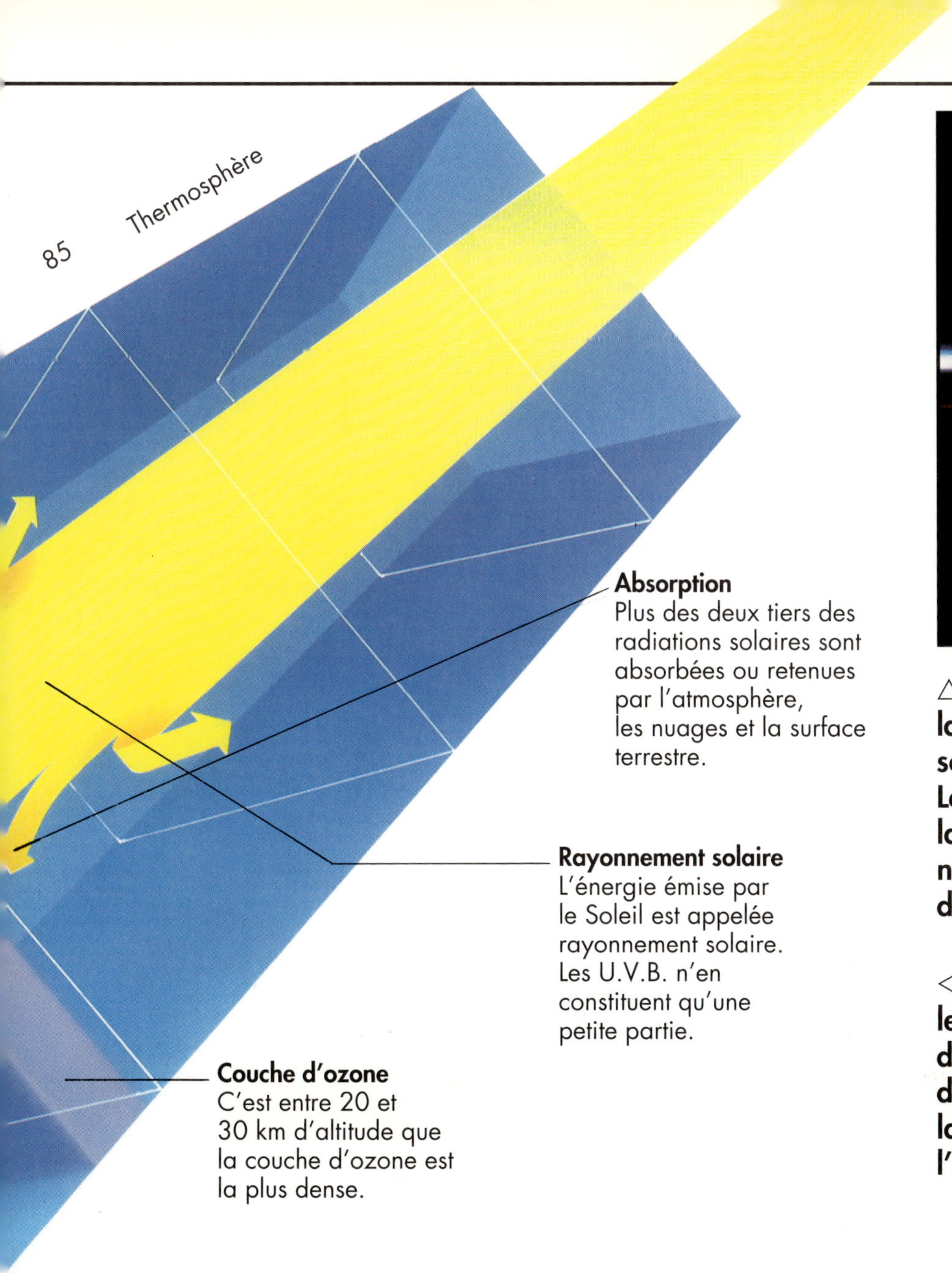

△ Sans l'énergie solaire, la Terre serait un corps froid, sombre et sans vie. Le rayonnement solaire fournit la chaleur et la lumière nécessaires à la survie des êtres vivants.

◁ Ce schéma représente les différentes couches de l'atmosphère. Au-delà de la thermosphère s'étend la couche externe de l'atmosphère : l'exosphère.

LA COUCHE D'OZONE

L'atmosphère terrestre peut être divisée en quatre couches distinctes : la troposphère, la stratosphère, la mésosphère et la thermosphère.

La troposphère s'étend, en moyenne, jusqu'à 10 km d'altitude ; son épaisseur augmente du pôle (6 km) à l'équateur (17 km). La frontière entre la troposphère et la stratosphère est appelée la tropopause.

La stratosphère commence à la tropopause et se termine à 50 km d'altitude environ. C'est là que se trouve la couche d'ozone, ce gaz qui empêche les rayons solaires nocifs d'atteindre la surface terrestre.

Les rayons ultraviolets (U.V.) constituent la partie dangereuse du rayonnement solaire. Les plus nocifs sont les U.V.B. La plus grande partie des U.V.B. est absorbée par la couche d'ozone et n'atteint donc pas la surface de la Terre.

UN GAZ APPELÉ OZONE

L'ozone est une forme d'oxygène, ce gaz qui constitue 20% de l'air que nous respirons. Quand le rayonnement solaire pénètre dans l'atmosphère, une partie de l'oxygène se transforme en ozone.

L'ozone est un gaz très instable. Sous l'action des réactions chimiques et du rayonnement solaire, il passe par un processus incessant de destruction et de synthèse. Ces réactions s'équilibrent naturellement.

Dans la stratosphère, l'ozone est bénéfique pour la vie sur terre, mais, plus bas, dans la troposphère, il est toxique. Là, il se forme sous l'effet du rayonnement solaire qui fait réagir entre eux l'azote, les hydrocarbures et les oxydes d'azote, des substances contenues dans les gaz d'échappement des véhicules et les fumées industrielles. Il en résulte un nuage polluant et toxique : le smog photochimique.

L'ozone

Tous les gaz sont formés de particules minuscules : les atomes. Ces atomes se regroupent pour former des molécules.

Une molécule d'oxygène (O_2) contient deux atomes d'oxygène. Dans la stratosphère, les rayons ultraviolets séparent ces deux atomes qui, une fois libres, vont chacun se joindre à une molécule d'oxygène pour former de l'ozone (O_3).

Cependant, ces nouvelles molécules d'ozone se brisent très facilement. Les atomes d'oxygène ainsi libérés vont se joindre à d'autres atomes, ou molécules, pour former de l'ozone ou de l'oxygène. La haute atmosphère contient des éléments toxiques, comme le chlore et le brome, qui interfèrent avec le processus naturel de synthèse et de destruction de l'ozone et en perturbent l'équilibre (voir page 13).

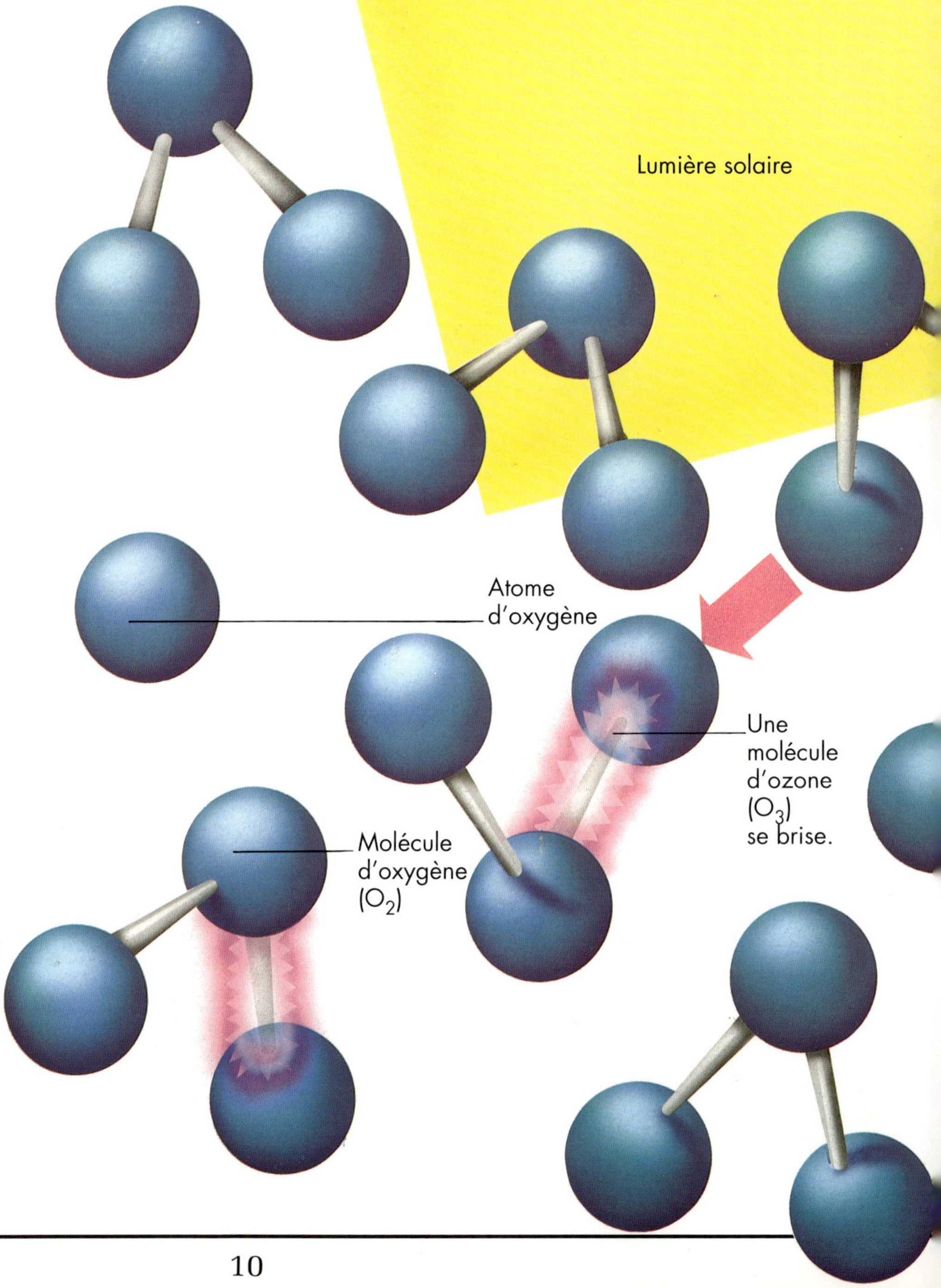

▷ **Lorsque l'homme est exposé à l'ozone, dans la troposphère, il peut souffrir d'irritations des yeux, de la gorge et du nez, ou de lésions pulmonaires.**

Le problème de l'ozone à basse altitude touche surtout les villes entourées de montagnes, comme Athènes (à droite), et celles au climat chaud et à forte concentration de véhicules, comme Los Angeles, aux États-Unis.

L'ozone : un gaz à effet de serre

L'ozone est l'un des gaz à effet de serre qui permettent le passage du rayonnement solaire jusqu'à la Terre et empêchent que l'énergie calorifique ainsi accumulée ne s'échappe vers l'Espace. Le phénomène par lequel ces gaz piègent une partie du rayonnement solaire réfléchi par la surface terrestre est appelé « effet de serre ».

L'ozone constitue 12% de la quantité totale des gaz à effet de serre (à droite). L'accroissement de la quantité de ces gaz dans l'atmosphère pourrait avoir provoqué une augmentation des températures terrestres de 0,5 °C au cours des 100 dernières années.

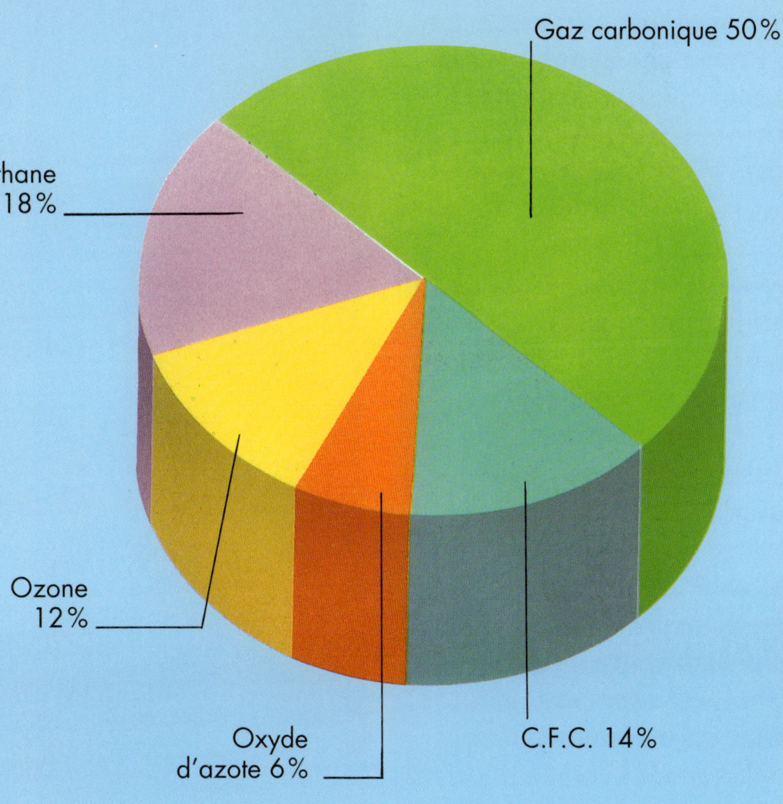

UN PROBLÈME CATASTROPHIQUE

Les concentrations d'ozone varient tout au long de l'année, en fonction de la quantité des rayons solaires parvenant à la Terre et de leur puissance. Les scientifiques ont désormais la preuve que les pertes en ozone au-dessus de l'Antarctique atteignent 50% chaque année au printemps (de septembre à fin décembre).

Les principaux responsables de la disparition de l'ozone sont des produits chimiques fabriqués par l'homme, en particulier les C.F.C. (chlorofluorocarbures) et les halons. Une fois libérés dans l'atmosphère, les C.F.C. montent lentement vers la stratosphère, où ils libèrent des atomes de chlore. Ce gaz s'attaque à l'ozone qu'il désagrège sans se détruire lui-même. C'est également le cas pour le brome, présent lui aussi dans les C.F.C.

La diminution de la couche d'ozone pourrait encore être due à d'autres produits contenant du chlore, par exemple des solvants comme le trichloréthylène. Elle peut aussi être provoquée par la projection dans l'atmosphère d'énormes quantités de poussières et de cendres à la suite d'une éruption volcanique.

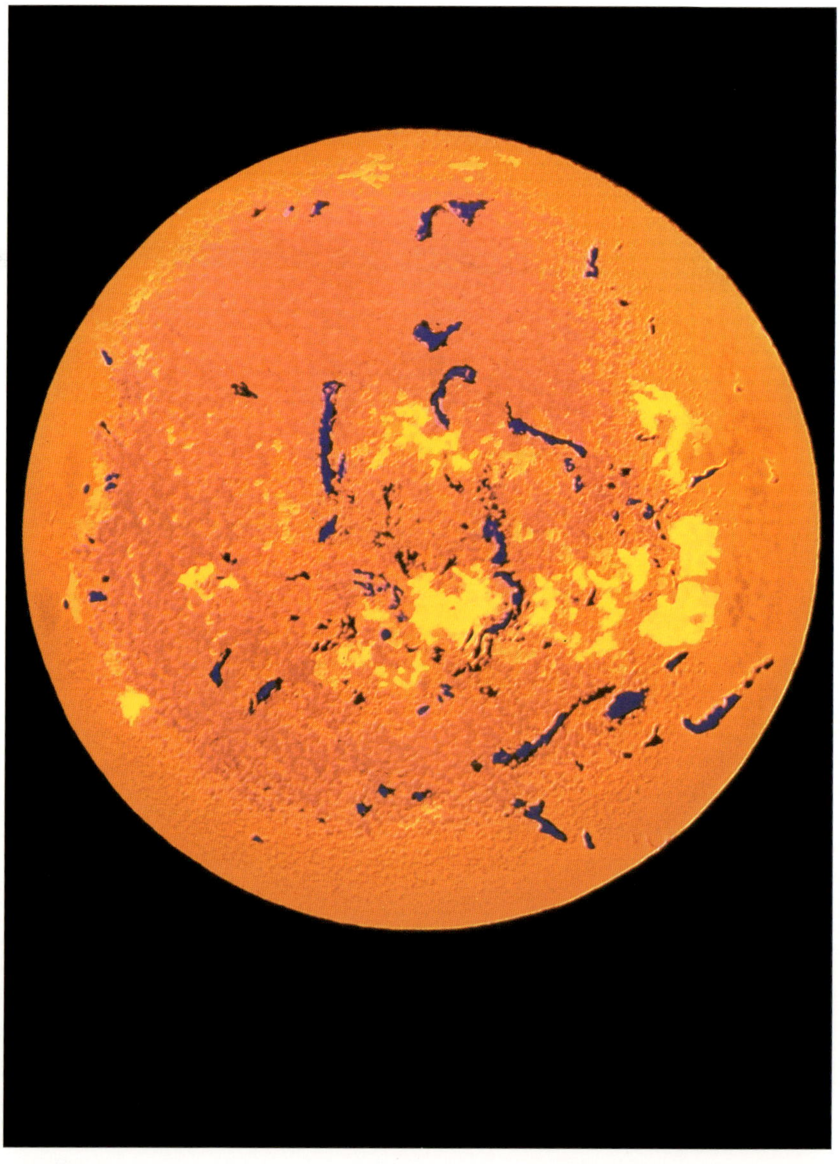

▷ Le Soleil lui-même contribue à la diminution de la couche d'ozone. Des taches sombres, les taches solaires, se forment à sa surface (photosphère). En 1843, un astronome allemand a mis en évidence une périodicité de 11 ans dans le nombre des taches solaires et d'autres formes d'activités solaires (les taches jaunes sur la photo). Les scientifiques pensent que, tous les 11 ans, lorsque le Soleil est au maximum de son activité, la concentration en ozone dans la stratosphère terrestre est au plus bas.

Les protubérances, c'est-à-dire l'éjection de matière que l'on observe autour du disque solaire, peuvent s'élever à 1 million de kilomètres au-dessus de la chronosphère. Le 8 avril 1947, on observa une tache solaire s'étendant sur 18 milliards de kilomètres carrés. Durant ces périodes, le Soleil émet davantage d'U.V.

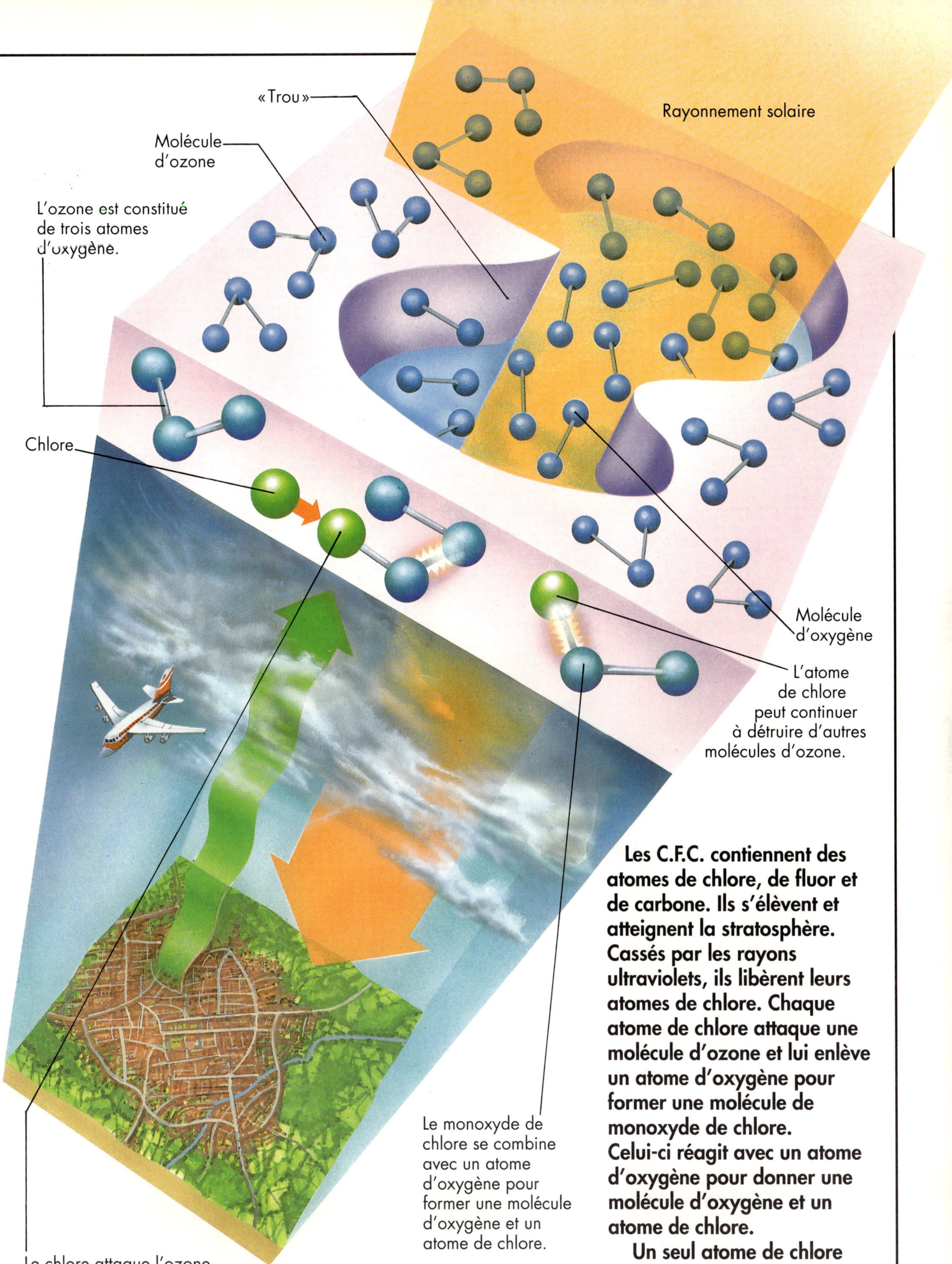

Les C.F.C. contiennent des atomes de chlore, de fluor et de carbone. Ils s'élèvent et atteignent la stratosphère. Cassés par les rayons ultraviolets, ils libèrent leurs atomes de chlore. Chaque atome de chlore attaque une molécule d'ozone et lui enlève un atome d'oxygène pour former une molécule de monoxyde de chlore. Celui-ci réagit avec un atome d'oxygène pour donner une molécule d'oxygène et un atome de chlore.

Un seul atome de chlore peut détruire plus de 100 000 molécules d'ozone.

L'UTILISATION DES C.F.C.

En 1974, deux scientifiques américains, Sherwood Rowland et Mario Molina, dénonçaient le danger que présentent certains produits fabriqués par l'homme. Selon eux, ces produits, les chlorofluorocarbures (C.F.C.), peuvent endommager la couche d'ozone et provoquer son amincissement. À l'heure actuelle, il est pratiquement certain que les C.F.C. constituent la menace la plus importante pour la couche d'ozone.

Les C.F.C. servent principalement de fluides réfrigérants (réfrigérateurs, congélateurs et climatiseurs), de gaz propulseurs (bombes aérosol), de solvants (en électronique) et d'agents d'expansion (mousses plastiques servant pour l'emballage, le rembourrage des fauteuils ou l'isolation).

Ce sont des produits très stables: ils ne disparaissent pas facilement et ne se transforment pas aisément. L'un des C.F.C. les plus répandus et les plus destructeurs, connu sous le nom de *fréon* (voir page 30), a une durée de vie de plus de 116 ans et est responsable de 45% des pertes en ozone.

La production des C.F.C.
Les C.F.C. ont été découverts en 1930 par un Anglais, Sydney Chapman. Leur production n'est pas coûteuse; les C.F.C. sont inodores, ininflammables et faciles à entreposer. Les dangers qu'ils représentent n'ont été révélés que plus tard.

En 1989, 950 000 t de C.F.C. avaient été relâchées dans l'atmosphère. On sait que ces produits y resteront pendant une bonne partie du 21e siècle.

Les C.F.C. sont utilisés comme agents nettoyants et solvants au cours de certains processus industriels, comme le soudage et le nettoyage des métaux. Dans l'industrie électronique, les C.F.C. servent à nettoyer les circuits intégrés et d'autres éléments des ordinateurs, étant donné qu'ils ne dissolvent pas les composants en plastique.

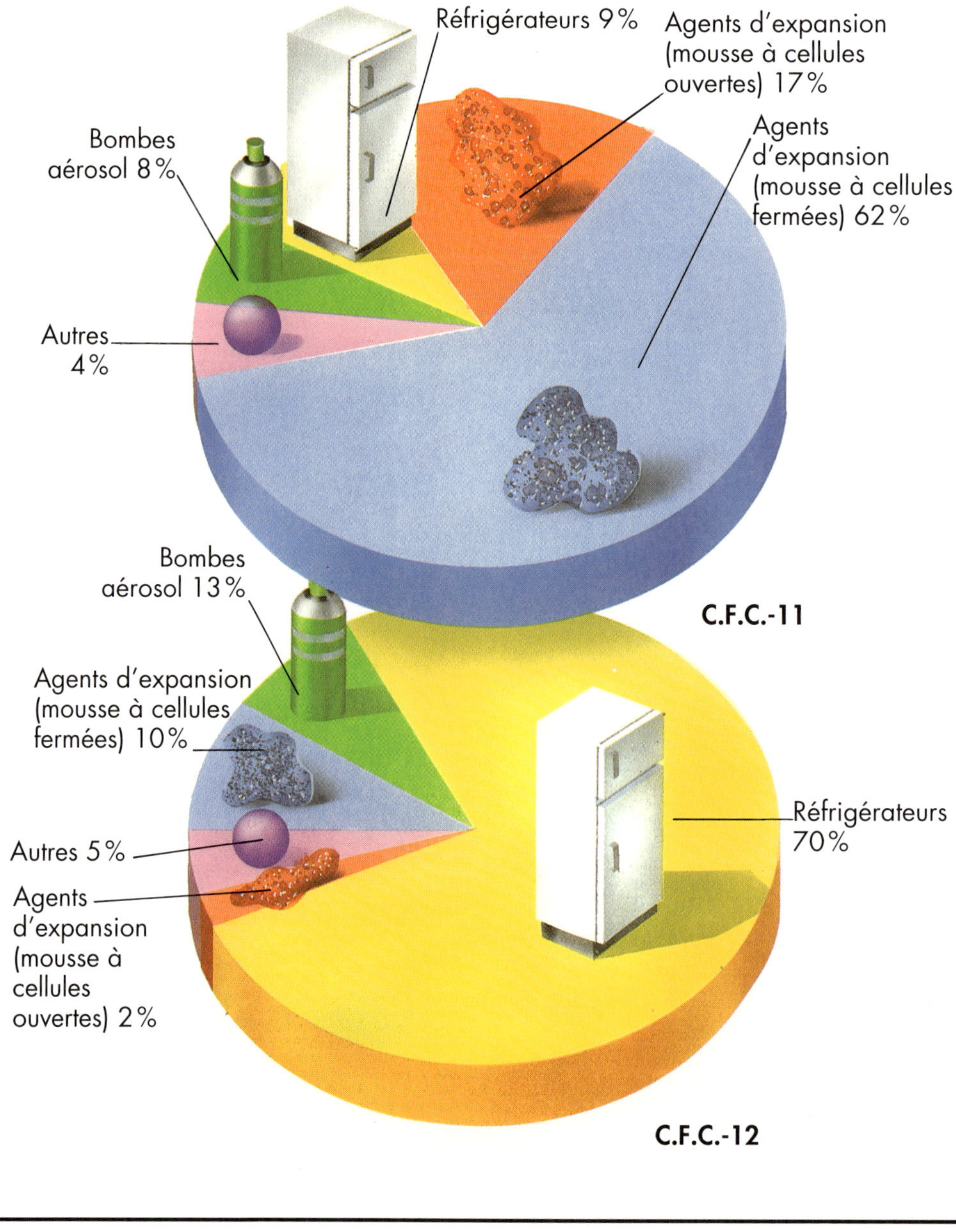

▷ Ce graphique montre comment l'utilisation des C.F.C.-11 et C.F.C.-12 a évolué depuis 1940. C'est dans les années 70 que l'utilisation de ces C.F.C a été la plus forte. Bien que leur production soit ralentie, la quantité de chlore dans l'atmosphère augmente encore chaque année.

D'autres produits chimiques ont, sur l'ozone, un effet semblable à celui des C.F.C. Parmi eux, on note le trichloréthylène (utilisé pour le nettoyage à sec, la préparation d'aliments pour animaux et dans les pesticides), le méthyle formol (utilisé dans les fluides correcteurs pour les machines à écrire et dans certains adhésifs) et le bromure de méthyle (utilisé comme pesticide en agriculture).

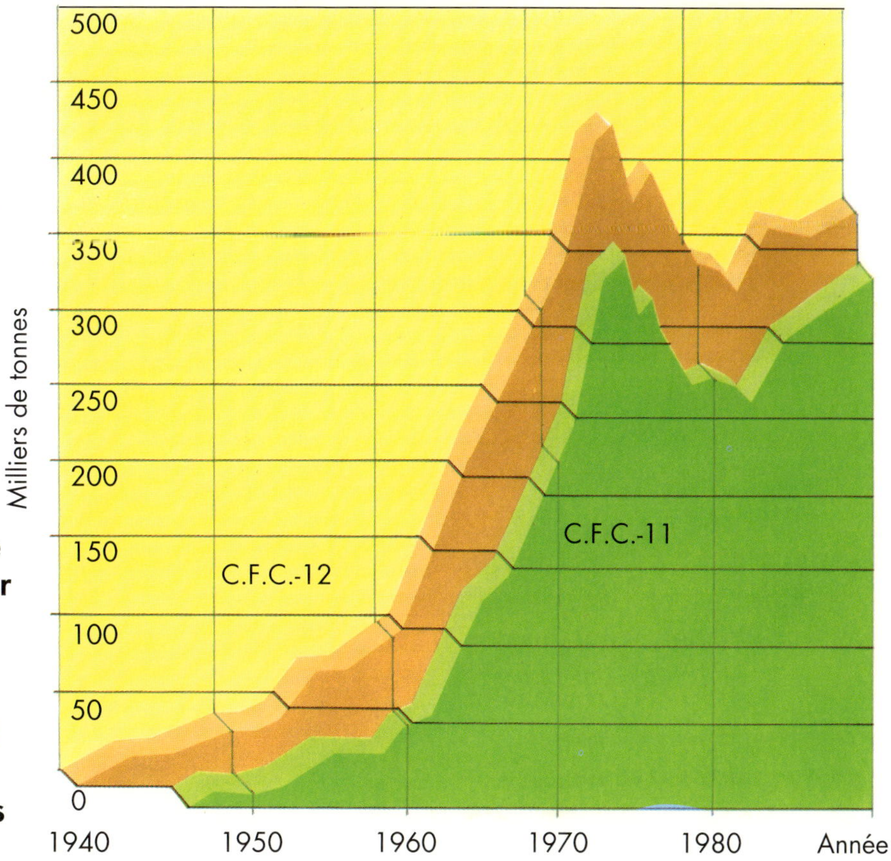

▽ Le C.F.C.-12 est contenu dans les réfrigérateurs et les congélateurs. Lorsque ces appareils sont détruits ou entreposés dans des décharges, ils dégagent des C.F.C.

△ Les C.F.C. sont utilisés dans les climatiseurs de voitures. Rien qu'aux États-Unis, 82 millions de voitures sont équipées de systèmes de climatisation contenant des C.F.C.

LE DANGER

La couche d'ozone filtre la plus grande partie des rayons ultraviolets provenant du Soleil. À l'équateur, 30% seulement des U.V.B. atteignent la surface terrestre, contre 10% sous les tropiques et au-delà.

L'amincissement de la couche d'ozone permet à une plus grande quantité d'U.V. d'atteindre la surface terrestre. Le rayonnement ultraviolet peut provoquer des dommages importants chez l'homme, les animaux et les plantes. Les risques encourus par l'homme comprennent des coups de soleil graves, la cataracte et le développement de divers cancers de la peau. Les recherches ont montré qu'une diminution de 1% de la couche d'ozone suffirait pour entraîner, chaque année, l'apparition de 50 000 cas supplémentaires de cataracte.

Les U.V.B. pourraient également diminuer la capacité de défense du corps humain contre la bilharziose et la lèpre, des maladies infectieuses s'attaquant au corps en commençant par la peau.

La chaîne alimentaire
Le phytoplancton, constitué de plantes microscopiques, vit près de la surface de la mer. Des micro-organismes unicellulaires, le zooplancton, s'en nourrissent et forment ainsi le premier maillon de la chaîne alimentaire marine.

Dans cette chaîne, le plancton est mangé par les poissons et d'autres animaux, tels que le calmar, qui sont eux-mêmes mangés par des poissons plus grands ou par des mammifères aquatiques, comme les phoques et les otaries. Toute la chaîne alimentaire marine dépend donc du plancton. L'homme lui-même en dépend, puisqu'il mange du poisson.

Or, les U.V.B. peuvent pénétrer dans l'eau jusqu'à 18 m de profondeur; ils tuent donc le plancton qui se trouve près de la surface. Par conséquent, l'augmentation des rayons ultraviolets pourrait provoquer une grave pénurie alimentaire pour les animaux marins et l'homme.

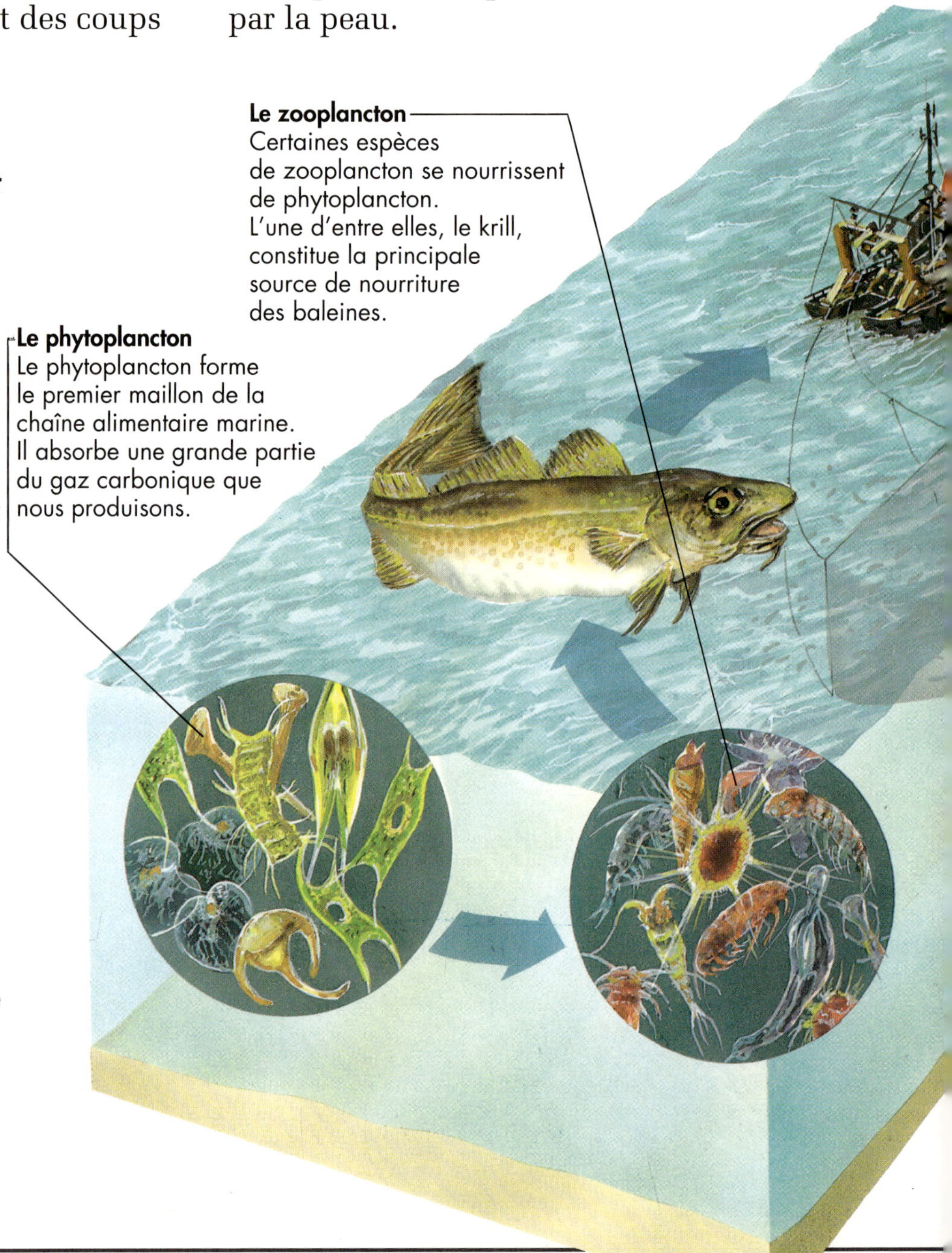

La photosynthèse
Lors de la photosynthèse, les plantes vertes ou à feuillage coloré utilisent l'énergie solaire pour transformer l'eau et le gaz carbonique en hydrates de carbone, qui deviennent des sucres énergétiques.

Les U.V. ralentissent la photosynthèse et la croissance des jeunes plantes. L'augmentation du rayonnement ultraviolet réduirait le rendement des récoltes.

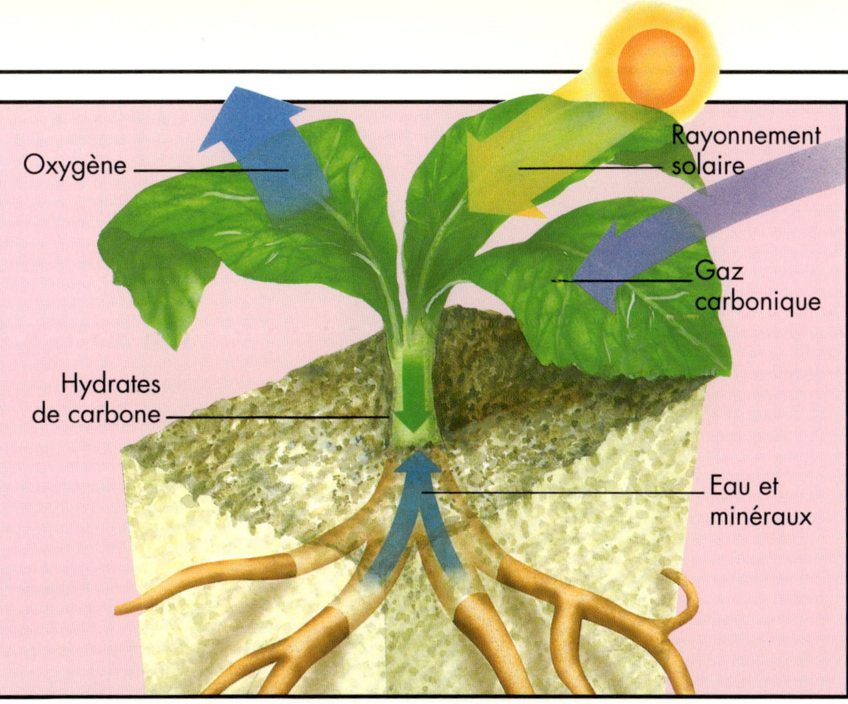

L'homme
L'homme se situe au sommet de la chaîne alimentaire. Chaque année, il prélève quelque 90 millions de tonnes de poissons dans les mers.

Les poissons
Les poissons se nourrissent de plancton et sont mangés par des poissons plus grands et d'autres animaux marins, ou par l'homme.

△ Sur cette carte satellite de la Terre, les zones rouges indiquent les plus fortes concentrations de phytoplancton. Les zones jaunes, bleues et mauves représentent des concentrations de plus en plus faibles.

QUELQUES DATES

En 1987, des vols furent effectués au-dessus de l'Antarctique, dans le cadre de *l'Airborne Antarctic Ozone Experiment*, afin de mesurer la concentration en ozone. Les avions utilisés étaient basés à Punta Arenas (Chili), la ville la plus au sud de la planète. Ces vols ont révélé que 97% de l'ozone avait disparu dans une zone comprise entre 14 et 18 km d'altitude.

Dans cette région, on a pu constater chez l'homme une augmentation des troubles cutanés et oculaires par rapport aux années précédentes. Chez les animaux, les maladies et les malformations ont aussi été plus nombreuses.

Entre 1981 et 1991, la densité de la couche d'ozone au-dessus de l'Europe a diminué d'environ 8%. Même si l'on mettait fin aux rejets de C.F.C., les scientifiques prévoient encore une diminution de la densité de l'ozone d'ici l'an 2000.

C'est au printemps 1992 que la diminution la plus importante de la densité de l'ozone a été enregistrée au-dessus de l'Antarctique (voir page 6). Les scientifiques avaient alors constaté une diminution de 60% de la quantité d'ozone.

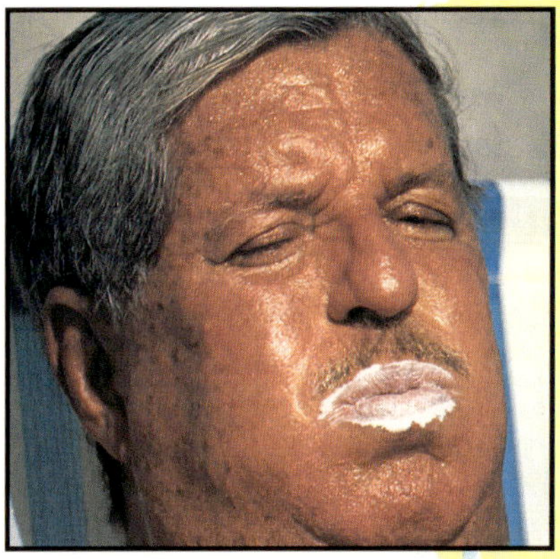

△ L'Agence américaine pour la protection de l'environnement, l'*EPA*, estime qu'une augmentation des U.V.B. provoquerait, dans les 50 prochaines années, la mort de 200 000 personnes aux États-Unis (d'un cancer de la peau).

En décembre 1987, le trou dans la couche d'ozone se fragmenta au-dessus de l'Antarctique, et une partie de la haute atmosphère dériva, amenant une partie du trou au-dessus de régions habitées. La quantité d'ozone diminua de 12% au-dessus de Melbourne.

On estime à 4,5 milliards de dollars les dégâts subis chaque année par les cultures américaines du fait de la pollution par l'ozone atmosphérique.

Entre 1981 et 1991, le nombre de cancers de la peau a doublé en Écosse. Cette augmentation est principalement attribuée à l'exposition à un rayonnement solaire intense durant de courtes périodes.

Avril 1991
L'Agence américaine pour la protection de l'environnement annonce que, depuis 1978, la densité de l'ozone a diminué de 4 à 5% au-dessus des États-Unis.

La densité de l'ozone mesurée au-dessus de la plus grande partie de l'Europe, au début du printemps, a diminué de 8% entre 1981 et 1991 (c'est le double de ce qui était prévu).

Février 1982
El Chichón, un volcan mexicain, entre en éruption. Il occasionne la plus grande émission de cendres depuis 1912. Chaque année, les volcans de la planète émettent 210 millions de tonnes de composés chlorés dans l'atmosphère. La troposphère peut filtrer et éliminer le chlore émis naturellement, mais elle ne peut retenir les C.F.C.

Août 1991
Éruption du mont Hudson, dans le sud du Chili. Des cendres volcaniques et des poussières sont projetées à plusieurs kilomètres d'altitude.

Octobre 1992
La limite extérieure du trou dans la couche d'ozone passe au-dessus des îles Falkland, au sud de l'océan Atlantique, et de la Terre de Feu, à l'extrémité méridionale de l'Amérique du Sud.

Les membres de l'équipe *BAS* basés en Antarctique ainsi que les plantes de la région sont l'objet de recherches visant à étudier les effets d'une exposition accrue aux U.V.B.

△ **L'augmentation de la quantité d'U.V.B. peut, d'une part, réduire le rendement de cultures telles que le soja, le blé, le riz et les pois et, d'autre part, diminuer la valeur nutritive de ces plantes.**

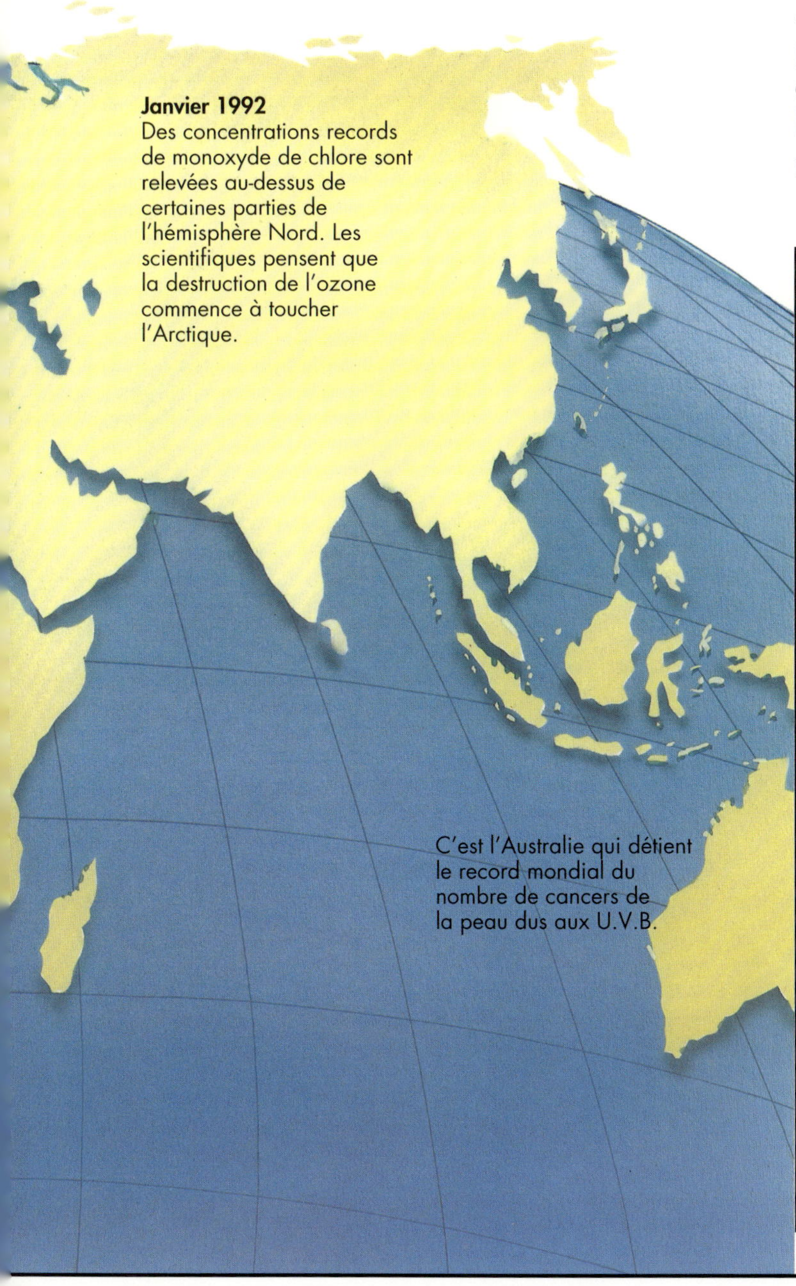

Une catastrophe naturelle

Le 12 juin 1991, le mont Pinatubo, aux Philippines, explosa en une véritable déflagration atomique (ci-dessous). L'explosion des volcans projette du chlore dans l'atmosphère. Les poussières et les cendres volcaniques contiennent du soufre qui détruit, lui aussi, l'ozone et absorbe l'azote qui empêche la destruction de l'ozone. Toutefois, elles ne représentent qu'une menace momentanée pour la couche d'ozone. Ce n'est pas le cas des C.F.C.

LE COÛT POUR LA SANTÉ

Une baisse d'ozone de 1% pourrait entraîner une augmentation de 3% de la quantité d'U.V.B. atteignant la Terre, et être à l'origine de 10 000 à 15 000 nouveaux cas de cancers de la peau chaque année. Parmi eux figure le mélanome malin (ou nævocarcinome), une tumeur cancéreuse de haute gravité. Ces chiffres effrayants ne sont que l'une des conséquences du trou dans la couche d'ozone pour la santé de l'homme. D'autres chiffres mettent en évidence l'augmentation des cas de cataracte, une affection de l'appareil oculaire (voir page 16).

Les cancers de la peau menacent particulièrement les personnes à peau claire ou celles aux cheveux roux, qui fabriquent moins de mélanine. Cette substance naturelle donne une coloration foncée aux peaux exposées au soleil. Elle les protège en filtrant les U.V.B. nocifs, responsables des coups de soleil.

L'Australie détient le record mondial du nombre de cancers de la peau. À l'âge de 75 ans, deux Australiens sur trois, de peau blanche, doivent subir un traitement contre le cancer !

▽ Ce mélanome malin est une tumeur cancéreuse extrêmement dangereuse. En moins de 5 ans, quatre personnes sur dix atteintes de cette forme de cancer sont vouées à la mort.

Si la couche d'ozone se réduisait de moitié, comme c'est le cas au-dessus de l'Antarctique, une exposition au soleil d'un quart d'heure seulement suffirait pour faire peler la peau de personnes au teint clair.

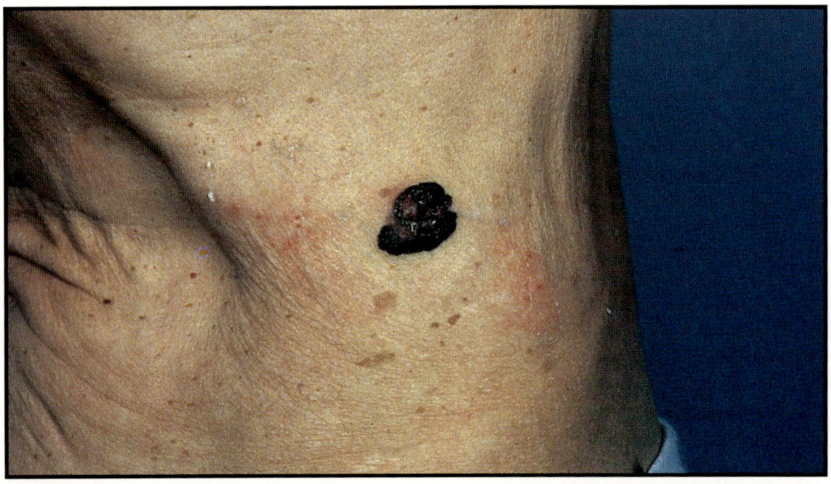

▷ Selon les médecins, les enfants sont les plus sensibles aux risques engendrés par l'exposition à de fortes doses d'U.V.B. On estime que 4 ou 5 heures d'exposition prolongée avant l'âge de 16 ans peuvent augmenter les risques de cancers de la peau à l'âge adulte.

▷ **C'est dans les zones urbaines que les effets de l'augmentation des U.V.B. se font le plus ressentir. Dans les villes à grand trafic, les pots d'échappement libèrent des oxydes d'azote, qui réagissent sous l'action du rayonnement solaire pour former un smog photochimique nocif (voir page 10). Des restrictions concernant le trafic ont été imposées à Mexico afin de réduire les émissions de gaz des trois millions de véhicules. Ce panneau (en médaillon) informe les conducteurs d'une interdiction de circuler.**

Quelques conseils avant de t'exposer au soleil :
- porte des vêtements protecteurs et un chapeau de soleil à large bord ;
- utilise une crème solaire à haut indice de protection ;
- achète de bonnes lunettes de soleil qui bloquent les U.V. ;
- ne reste pas trop longtemps au soleil sans vêtements protecteurs, surtout entre 10 h et 15 h ;
- veille à ne pas attraper de coups de soleil.

LA PETITE HISTOIRE DE L'OZONE

Selon la N.A.S.A., l'Agence spatiale américaine, la couche d'ozone au-dessus de la plus grande partie de l'hémisphère Nord (certaines parties de l'Amérique du Nord, de la Russie et du nord de l'Europe) avait diminué de 40% en 1992. Voici quelques dates importantes de l'évolution de la couche d'ozone.

Années 20 les premières bombes aérosol apparaissent en Norvège.

1950 les premières bouteilles de laque contenant des C.F.C. sont commercialisées.

1970 les scientifiques expriment leur inquiétude concernant le danger que représentent les avions supersoniques pour la couche d'ozone.

1974 la production annuelle de bombes aérosol aux États-Unis atteint les trois milliards d'unités.

1978 le gouvernement américain interdit l'usage des C.F.C. dans les bombes aérosol. La N.A.S.A. lance le satellite météorologique *Nimbus 7* pour surveiller l'ozone dans la stratosphère.

1985 la production annuelle mondiale de C.F.C. atteint les 700 000 tonnes.

1989 les concentrations de monoxyde de chlore au-dessus de l'Arctique sont 50 fois supérieures à celles prévues.

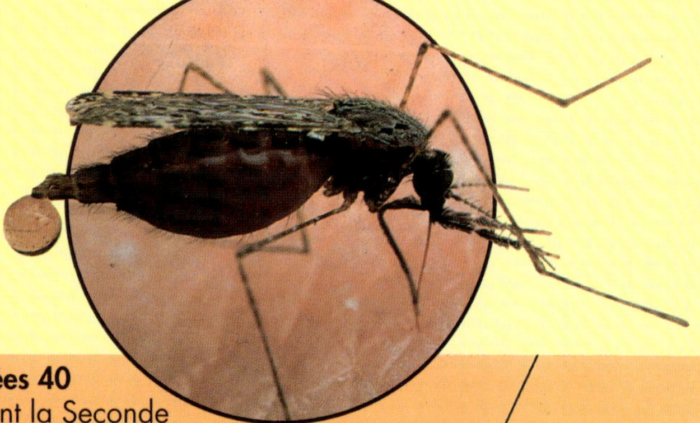

Années 40
Durant la Seconde Guerre mondiale, les soldats utilisent des vaporisateurs contenant des C.F.C. pour lutter contre les moustiques.

1957
Année internationale de la géophysique. L'équipe de la *BAS* commence à étudier les concentrations d'ozone dans la baie de Halley, en Antarctique.

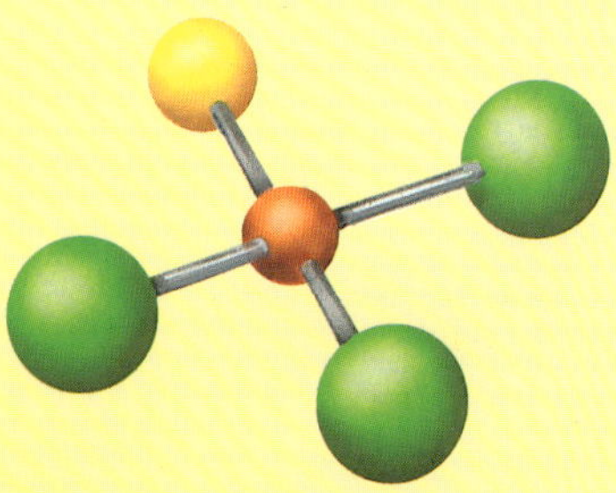

1928
Des atomes de fluor se combinent avec du carbone et du chlore pour former les C.F.C. Ils ont été découverts par Thomas Midgely, un scientifique américain.

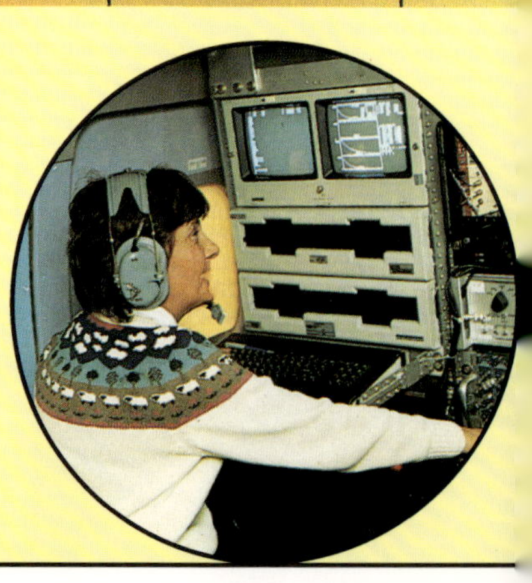

1974
Les scientifiques américains dénoncent le lien entre les C.F.C. et la diminution de la quantité d'ozone.

△ **Ce spectromètre est utilisé pour contrôler les concentrations d'ozone depuis le satellite météorologique *Nimbus 7*. Il mesure les quantités d'ozone depuis le sol jusqu'à la stratosphère.**

Le satellite météorologique *Nimbus 7* (à gauche), lancé en 1978, emportait huit instruments différents pour contrôler l'environnement.

Quartier général de la N.A.S.A. (ci-dessous)

Les C.F.C. peuvent s'échapper des industries lors de certains processus de fabrication.

Le contrôle de la quantité d'ozone

En 1990, des scientifiques français, allemands et américains ont étudié la couche d'ozone au-dessus de l'Arctique. Ils lancèrent une série de ballons-sondes (ci-dessous) contenant des instruments de mesure et d'autres équipements expérimentaux. Certains ballons s'élevèrent à 28 km d'altitude.

En 1992, d'autres tests *(European Arctic Stratospheric Ozone Experiment)* ont mesuré l'ampleur de la diminution de l'ozone en utilisant un équipement similaire.

COMMENT PROTÉGER L'OZONE ?

L'homme a injecté assez de C.F.C. dans l'atmosphère pour attaquer l'ozone durant des décennies. En 1990, les bombes aérosol représentaient encore 15% du marché du C.F.C.-12.

Afin de contrôler les émissions de C.F.C. et d'éviter d'endommager davantage le fragile bouclier qui nous protège, les scientifiques du *World Resources Institute* (Institut mondial des ressources), aux États-Unis, ont mis sur pied un plan en quatre étapes : (1) réduire les fuites ; (2) encourager la collecte et le recyclage des C.F.C. ; (3) remplacer les C.F.C. les plus nocifs par d'autres moins agressifs et (4) mettre au point des procédés industriels et des produits n'utilisant pas de C.F.C.

Des hydrocarbures et des H.C.F.C. (hydrochlorofluorocarbures) sont maintenant utilisés dans les bombes aérosol et pour fabriquer de nombreux types d'emballage. Malheureusement, ces gaz de remplacement contribuent à l'effet de serre, et les H.C.F.C. libèrent également du chlore dans l'atmosphère.

Les produits de remplacement

Bien que, dès 1978, les États-Unis aient interdit la fabrication de bombes aérosol contenant des C.F.C., les quantités de C.F.C. contenues dans l'atmosphère n'ont cessé d'augmenter. D'autres produits fabriqués aux États-Unis contenaient plus de C.F.C. qu'avant. De plus, les bombes aérosol fabriquées ailleurs en contenaient également plus.

De nos jours, la plupart des fabricants de bombes aérosol dans les pays développés utilisent des gaz propulseurs qui n'attaquent pas la couche d'ozone (voir à droite). D'autres remplacent les bombes aérosol contenant des C.F.C. par des atomiseurs (voir page 25) sans gaz propulseurs. Aux États-Unis, deux grands producteurs de C.F.C., *Du Pont* et *Allied Signal*, dépensent des milliards de dollars pour développer des produits de remplacement.

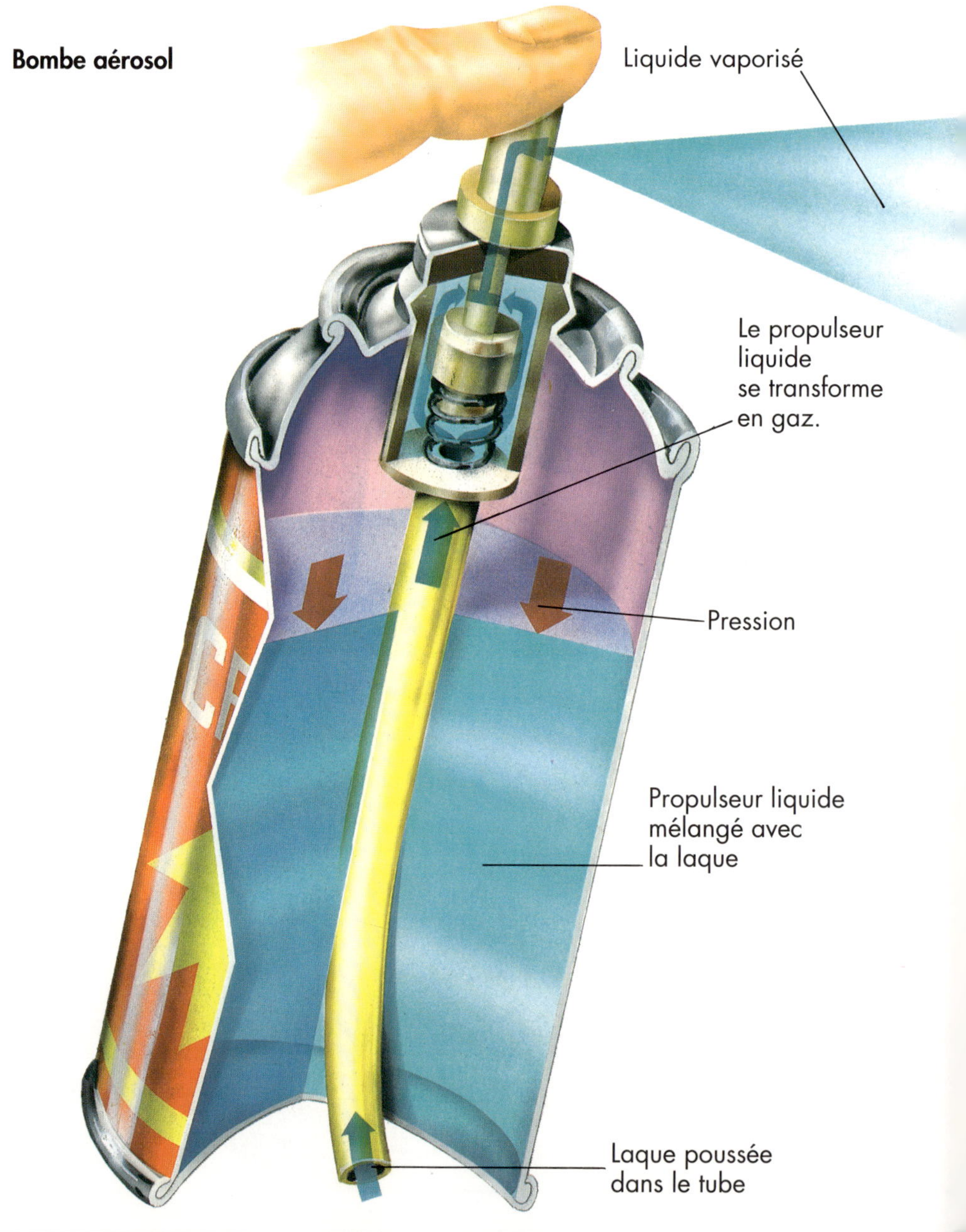

▷ Dans certains pays d'Europe, les autorités locales mettent sur pied un service gratuit de récupération des gaz. Cela permet de récupérer les C.F.C. des réfrigérateurs mis au rebut (à droite), de nettoyer les gaz et de les revendre à l'industrie.

△ L'industrie de la chimie met au point des produits sans C.F.C. pour le gonflage des mousses, par exemple. Dans l'industrie de la restauration rapide, certains emballages à base de mousse gonflée aux C.F.C. sont remplacés par des emballages ne nuisant pas à l'ozone (ci-dessus).

L'option douce

Des C.F.C. «doux» remplacent les C.F.C.-11 et C.F.C.-12, plus dangereux. Toutefois, ces C.F.C. feront, eux aussi, diminuer la couche d'ozone, car ils libèrent de petites quantités de chlore dans l'atmosphère. Certains fabricants utilisent maintenant un mélange de butane et de propane pour fabriquer des réfrigérateurs sans C.F.C. ; l'ammoniaque peut remplacer les C.F.C. dans les unités de réfrigération à grande échelle.

QUE POUVONS-NOUS FAIRE ?

Pour protéger la couche d'ozone, il est primordial de contrôler les émissions de C.F.C. Le 16 septembre 1987, un protocole fut signé à Montréal par 40 pays, dont la France. Les signataires se sont fixés pour objectif, entre autres, de ramener, pour 1999, la consommation des cinq principaux C.F.C. (11, 12, 113, 114 et 115) à 50% de son niveau de 1986.

À la conférence de Londres, en juin 1990, 70 pays se sont mis d'accord pour interdire complètement la production et la consommation des C.F.C. et des halons pour l'an 2000.

En 1992, les ministres de l'Environnement des pays de l'Union européenne, réunis à Estoril (Portugal), ont décidé d'interdire les C.F.C. dès 1995. Les pays en voie de développement se sont vu accorder un délai de 10 ans pour éliminer les substances interdites.

Pour favoriser le développement de techniques et de produits chimiques sans C.F.C. dans les pays en voie de développement, un fonds spécial de 240 millions de dollars a été créé en 1990.

▽ En septembre 1991, un satellite d'étude de la haute atmosphère *(U.A.R.S.)* fut lancé au cours d'une mission de la navette spatiale américaine *Discovery*. En 1992, les informations envoyées par le satellite démontrèrent que les concentrations de monoxyde de chlore au-dessus de certaines parties de l'hémisphère Nord étaient plus élevées que jamais.

▷ Depuis peu, les habitants de la Chine et de l'Inde peuvent s'acheter des appareils tels que des réfrigérateurs. La Chine produit 8 millions de réfrigérateurs chaque année, et le nombre de foyers qui en possèdent a fortement augmenté. En 1991, le gouvernement chinois annonçait qu'il avait ratifié le protocole de Montréal.

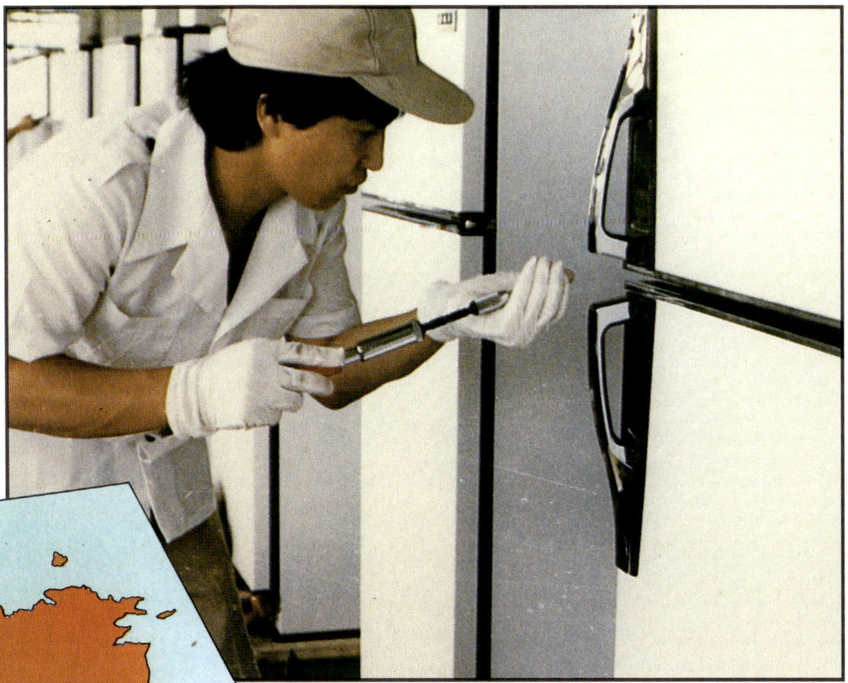

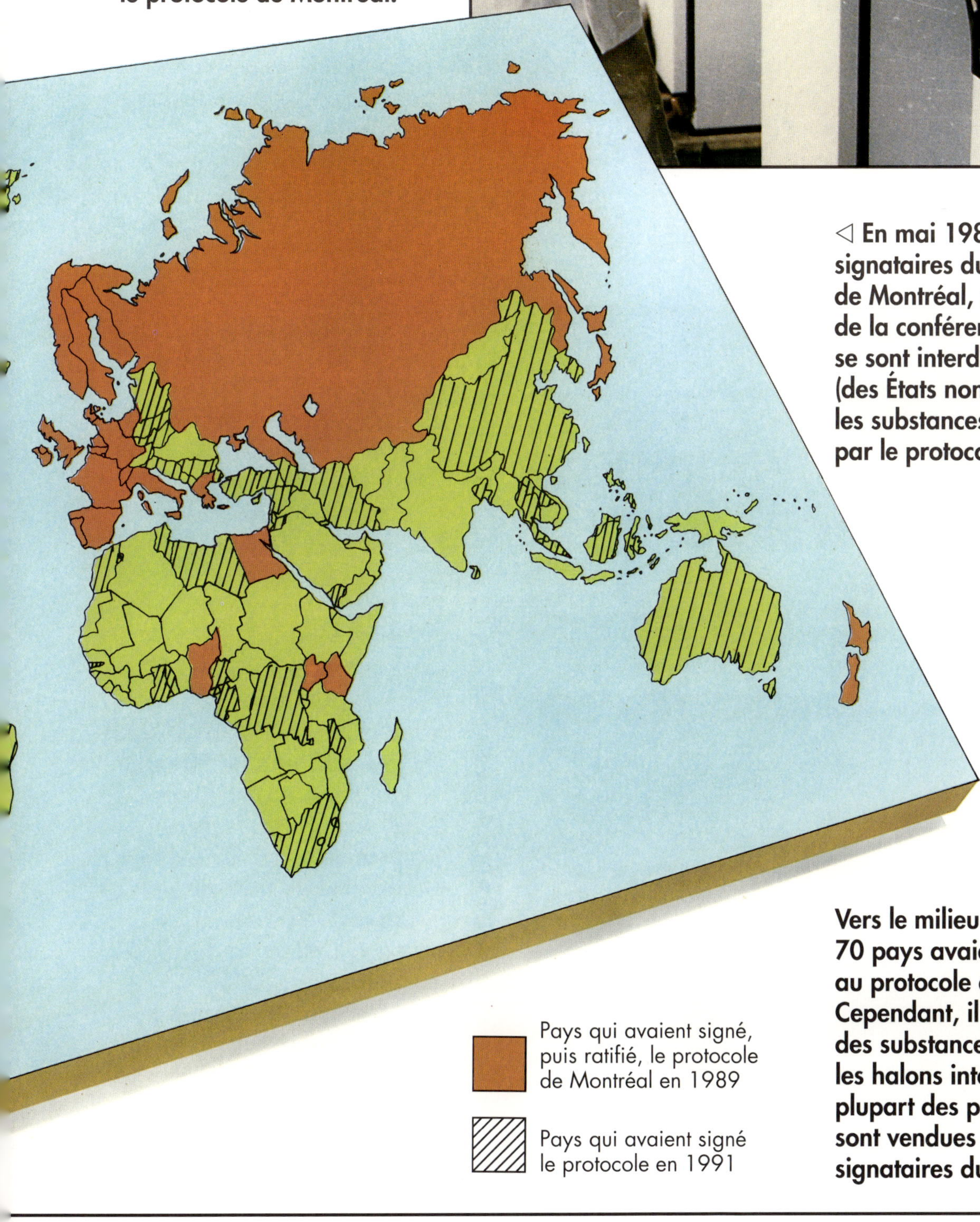

◁ En mai 1989, les pays signataires du protocole de Montréal, réunis lors de la conférence d'Helsinki, se sont interdits d'importer (des États non signataires) les substances réglementées par le protocole.

Vers le milieu de 1991, 70 pays avaient adhéré au protocole de Montréal. Cependant, il est évident que des substances, telles que les halons interdits dans la plupart des pays développés, sont vendues à des États non signataires du protocole.

L'AVENIR

Selon l'Organisation météorologique mondiale (O.M.M.), la quantité d'ozone dans les deux hémisphères a diminué de 3% en moyenne durant les dix dernières années. Selon certaines études, la perte pourrait être comprise entre 4 et 8% dans l'hémisphère Nord.

La bataille pour la protection de la couche d'ozone a connu quelques victoires. En février 1992, les États-Unis et les pays de l'Union européenne interdisaient l'utilisation et la production de la plupart des C.F.C. pour fin 1995, cinq ans avant la date prévue par le protocole de Montréal. En novembre, un amendement était apporté au protocole : l'arrêt des C.F.C. dans les pays développés était ramené à début 1996. Seize des entreprises chimiques les plus importantes du monde se sont regroupées pour accélérer la mise au point de produits de remplacement des C.F.C.

Toutefois, les gouvernements du monde entier doivent continuer la lutte contre les C.F.C. et les autres produits chimiques nuisant à l'ozone. En effet, au rythme actuel d'utilisation des C.F.C., la quantité de chlore contenue dans l'atmosphère continuera à augmenter jusqu'à 1997 au moins !

◁ En 1992, le Sommet de la Terre eut lieu à Rio de Janeiro, au Brésil. Divers moyens de lutte contre les problèmes environnementaux furent abordés. Les scientifiques estiment que l'ozone aura diminué de 15% supplémentaires d'ici l'an 2000.

Les Nations unies ont patronné la conférence sur la couche d'ozone, qui s'est tenue au Danemark en 1992. Les représentants de 90 pays se sont mis d'accord pour étendre le protocole de Montréal aux H.C.F.C. et au bromure de méthyle.

La production des H.C.F.C. sera limitée à partir de 1996, puis interdite en 2030. Pour 1995, la production de bromure de méthyle sera gelée au niveau de 1991, mais il faudra encore plusieurs années pour qu'elle soit complètement stoppée.

▷ Lors du Sommet de la Terre, des représentants des peuplades indigènes du Brésil (à droite) et des organisations non gouvernementales se sont rencontrés pour discuter des questions d'environnement.

Pour de nombreux pays en voie de développement, les pays industrialisés devraient, d'une part, reconnaître qu'ils sont responsables du problème de l'ozone et, d'autre part, financer la recherche de solutions.

Les pays présents à la conférence de 1992 ont évoqué la possibilité d'octroyer des fonds supplémentaires aux pays en voie de développement, conformément au protocole de Montréal.

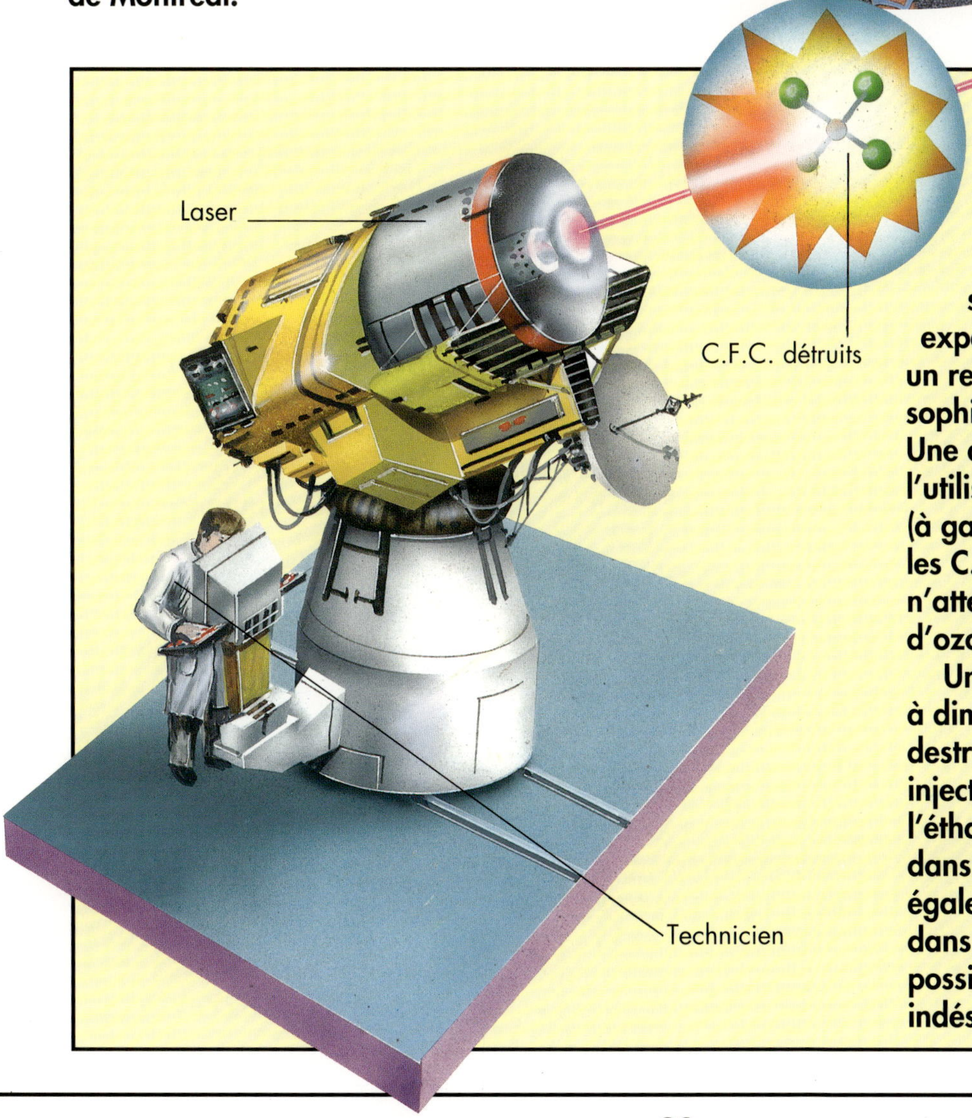

Détruire les C.F.C.
De nombreux projets visant à lutter contre la diminution de la couche d'ozone n'en sont qu'au stade expérimental. Ils entraînent un recours à des équipements sophistiqués et coûteux. Une des solutions implique l'utilisation de rayons laser (à gauche) qui détruiraient les C.F.C. avant qu'ils n'atteignent la couche d'ozone.

Une autre idée consiste à diminuer les effets destructeurs des C.F.C. en injectant des gaz, comme l'éthane et le propane, dans l'atmosphère. On peut également rajouter de l'ozone dans la stratosphère, si possible en utilisant l'ozone indésirable de la troposphère.

QUELQUES FAITS MARQUANTS

L'utilisation des C.F.C.
À ce jour, 95% des dégâts occasionnés à la couche d'ozone sont dus aux C.F.C. relâchés dans l'atmosphère par les pays occidentaux. Les États-Unis sont responsables de 30% de la production totale des C.F.C., les pays de l'Union européenne de 40 à 50%. La responsabilité des pays en voie de développement s'élève seulement à 16%.

Le réchauffement global
Si la production des gaz à effet de serre se poursuit au rythme actuel, les scientifiques prévoient une augmentation des températures à la surface de la Terre d'environ 0,3 °C tous les 10 ans, au cours des 100 prochaines années. Cela entraînerait une élévation du niveau des mers d'environ 20 cm pour 2030.

Le *fréon*
Fréon est le nom commercial d'un groupe de composés organiques incolores, inodores, ininflammables, non corrosifs à l'état gazeux ou liquide. Les premiers membres de ce groupe, dont le plus connu est le C.F.C.-12, sont apparus comme fluides réfrigérants dans les années 30. On les utilise, entre autres, comme gaz propulseurs dans les bombes aérosol, comme solvants, comme extincteurs et comme agents d'expansion dans les mousses. Entre 1931 et 1945, la production de *fréon* a augmenté de 4 000%.

Aux États-Unis, de nombreux centres d'entretien automobile installent des équipements pour recycler le C.F.C.-12 des climatiseurs de voitures.

Bromure de méthyle
On pense que 10% de la diminution de la couche d'ozone est due au bromure de méthyle. Ce gaz toxique libère du brome, entre 30 et 60 fois plus dangereux pour l'ozone que le chlore. On l'utilise principalement pour stériliser le sol afin de pouvoir cultiver, toute l'année, des plantes comme le fraisier. On l'utilise encore pour fumiger les cales de navires et d'avions, et pour sécher des aliments tels que le raisin, le blé, le riz et le café.

Le contrôle des C.F.C.
1972 – le programme des Nations unies pour l'environnement (P.N.U.E.), créé à la suite de la conférence des Nations unies sur l'environnement de l'homme, a pour objectif la prise de conscience des problèmes environnementaux.
Il encourage la coopération entre les gouvernements pour résoudre ces problèmes.
1985 – des débats intergouvernementaux organisés par le P.N.U.E. aboutissent à la convention de Vienne sur la protection de la couche d'ozone (20 pays signataires).
1987 – le protocole de Montréal sur les substances qui nuisent à la couche d'ozone se fixe pour objectif de ramener, pour 1999, la consommation des cinq principaux C.F.C. à 50% de son niveau de 1986.
1989 – à la conférence d'Helsinki, l'interdiction des C.F.C. est décidée à l'échelle mondiale pour l'an 2000.
1990 – les pays signataires du protocole de Montréal se réunissent à Londres.
Ils établissent le calendrier de l'arrêt de la production et de l'utilisation des C.F.C.
1992 – conférence des Nations unies sur l'environnement et le développement (C.N.U.E.D.) à Rio de Janeiro, ou Sommet de la Terre. Convention sur les changements climatiques signée par plus de 150 pays.

Rencontre au Danemark des pays signataires du protocole de Montréal.

L'ozone au niveau du sol
Lorsque les températures augmentent, la pollution par l'ozone est plus importante. L'Agence américaine pour la protection de l'environnement, l'*EPA*, a estimé qu'une élévation de température de 4 °C dans une région à forte densité de population pourrait conduire à une augmentation de 20% de la quantité d'ozone dans l'air.

Et demain?
Des millions de tonnes de C.F.C. ont déjà été introduites dans l'atmosphère par les activités humaines. Ces C.F.C. sont susceptibles d'y rester durant tout ce siècle et pour une bonne partie du siècle prochain. Les scientifiques s'attendent à ce que les dégâts à la couche d'ozone se poursuivent au moins jusqu'à l'an 2000.

GLOSSAIRE

atome – constituant élémentaire de la matière. L'atome est constitué d'un noyau massif entouré d'un nuage d'électrons, particules chargées négativement. Le noyau est constitué de neutrons, sans charge électrique, et de protons, chargés positivement.

bombes aérosol – bidons ou flacons qui vaporisent un liquide en fines particules

brome – non-métal liquide rouge foncé, analogue au chlore, bouillant vers 60 °C et donnant des vapeurs rouges et suffocantes. Présent dans les C.F.C., le brome détruit l'ozone.

cancer – toute prolifération anormale des cellules d'un tissu ou d'un organe

cataracte – opacité du cristallin ou de ses membranes produisant une cécité partielle ou totale

C.F.C. – (chlorofluorocarbures) gaz utilisé notamment dans les bombes aérosol, les isolants, les réfrigérants, dont la libération provoque la dissociation des molécules d'ozone de la haute atmosphère

chaîne alimentaire – ensemble d'espèces vivantes dont chacune se nourrit de la précédente (herbe, herbivore, carnivore, prédateur du carnivore)

chlore – gaz toxique jaune verdâtre, d'odeur suffocante, qui, relâché dans l'atmosphère par les C.F.C., détruit la couche d'ozone

effet de serre – l'effet de serre est dû à certains gaz qui, rejetés dans l'atmosphère, emprisonnent la chaleur du soleil et l'empêchent de se rediffuser dans l'Espace (voir réchauffement global).

gaz à effet de serre – les gaz qui absorbent la chaleur et réchauffent la Terre ne forment qu'une petite partie de l'atmosphère. Ce sont principalement le gaz carbonique (produisant les bulles dans les boissons gazeuses), le méthane (provenant du gaz naturel et des marais), l'oxyde azoteux (dégagé par les engrais chimiques) et les C.F.C. Leur durée de vie dans l'atmosphère est respectivement de 40 à 50 ans, 10 ans et 132 ans. Le C.F.C.-12 a une durée de vie de plus de 116 ans et détruit l'ozone.

molécule – groupement d'atomes qui représente, pour un corps pur qui en est constitué, la plus petite quantité de matière pouvant exister à l'état libre

ozone – gaz odorant, identifié en 1858 par le Français Houzeau comme constituant naturel de l'atmosphère. Ce gaz se forme principalement à plus de 30 km d'altitude.

photosynthèse – processus par lequel la plante verte, sous l'action de la lumière, élabore des matières organiques à partir d'éléments minéraux, en absorbant le gaz carbonique et l'eau et en rejetant l'oxygène

plancton – ensemble des êtres microscopiques en suspension dans la mer ou dans l'eau douce

réchauffement global – la lumière solaire chauffe les terres et les mers, qui dégagent alors de la chaleur. Celle-ci ne peut s'échapper librement, étant retenue en partie par l'atmosphère. Une part de la chaleur s'échappe dans l'Espace, mais le reste est absorbé par certains gaz de l'atmosphère, qui transmettent à leur tour de la chaleur à l'air et au sol. À l'heure actuelle, l'effet de serre semble s'accroître.
Les gaz qui produisent cet effet augmentent en quantité dans l'atmosphère, surtout en raison des activités humaines. Il résulte de cela que la Terre devient peu à peu plus chaude. Les scientifiques pensent que l'effet de serre pourrait faire monter la température moyenne de la Terre de 2 à 4 °C d'ici l'an 2030. Il y aura probablement des sécheresses plus fréquentes en certaines régions de la planète et un temps plus humide ailleurs. Cela influencera les cultures. L'eau des océans se dilatera et fera monter le niveau des mers. Si la température montait d'environ 5 °C, la calotte glaciaire de l'Antarctique commencerait à fondre: cela ferait monter le niveau des mers de 5 m ou plus!

smog – mélange de fumée et de brouillard sévissant parfois au-dessus des concentrations urbaines et industrielles

solvant – substance capable de dissoudre un corps et qui sert généralement de diluant ou de dégraissant

stratosphère – couche de l'atmosphère située entre la troposphère et la mésosphère, qui est épaisse d'une trentaine de kilomètres. Sa limite supérieure s'appelle la stratopause. Elle comprend des couches de températures différentes dont l'une est riche en ozone.

troposphère – couche de l'atmosphère la plus voisine de la Terre, dont l'épaisseur augmente du pôle (6 km) à l'équateur (17 km). Elle représente les cinq sixièmes de la masse de l'atmosphère. Elle est aussi le siège des phénomènes météorologiques (nuages, pluies, orages).

ultraviolets – se dit de radiations invisibles à l'œil humain, placées dans le spectre au-delà du violet, et dont la longueur d'onde est plus petite que celle du violet et plus grande que celle des rayons X mous.

INDEX

Origine des photographies:
Couverture et pages 18, 19 (les deux), 21 (en haut et en bas), 27 et 28: Frank Spooner Pictures; page de titre et pages 4, 5, 7 (les deux), 9, 12, 17, 20, 22 (les deux) et 23 (en haut et au milieu): Science Photo Library; pages 8 et 23 (en bas): N.A.S.A.; pages 11 et 20-21: Eye Ubiquitous; pages 15 (à gauche) et 29: Panos Pictures; pages 15 (à droite) et 25 (en haut à gauche et en bas): Roger Vlitos; page 25 (en haut à droite): Portsmouth City Council; page 26: Spectrum Colour Library.